Neuci Silva

Dia a dia com Deus

Neuci Silva

Dia a dia com Deus

Ouvindo Deus a cada manhã

CREDO EDICIONES

Imprint
Any brand names and product names mentioned in this book are subject to trademark, brand or patent protection and are trademarks or registered trademarks of their respective holders. The use of brand names, product names, common names, trade names, product descriptions etc. even without a particular marking in this work is in no way to be construed to mean that such names may be regarded as unrestricted in respect of trademark and brand protection legislation and could thus be used by anyone.

Cover image: Disponibilizado pelo autor

Publisher:
CREDO EDICIONES
ist ein Imprint der / is a trademark of
International Book Market Service Ltd., member of OmniScriptum Publishing Group
17 Meldrum Street, Beau Bassin 71504, Mauritius

Printed at: see last page
ISBN: 978-613-1-85221-3

Agradecimentos

Há um ditado que diz que um grande ser humano tem que fazer 3 coisas em sua existência: plantar uma árvore, gerar filhos e escrever um livro. Não entrarei no mérito se são apenas estas três, mas para mim me restava a última: escrever um livro. Era um plano para quando fizesse 65 anos; mas Deus sempre nos surpreende e hoje com alegria e gratidão a Credo-Ediciones, tenho a satisfação de ver um sonho se cumprindo. Não sei como fui encontrado pela editora; mas creio que Deus preparou este momento.

Diante disso tenho que reservar um espaço para gratidão; uma pessoa que não é agradecida é miserável, mesmo tendo recursos! Gratidão tem que ser uma marca do ser humano!

Inicio agradecendo ao DEUS TRIUNO, PAI, FILHO E ESPIRITO SANTO, por me incluir na História da Salvação estabelecida na Eternidade. E, apesar do que sou, Deus não desiste de mim, investiu pesado enviando Jesus para morrer pelos meus pecados, ressuscitou e a cada dia se declara afirmando: VOCÊ É MEU FILHO AMADO EM QUEM ENCONTRO TODO O MEU PRAZER. Obrigado ABA;

Agradeço a DEUS pelo meu pai, FRANCISCO SANTOS SILVA, em memória, que na sua simplicidade e singeleza, me ensinou o valor da Palavra de Deus, a Bíblia e a intercessão. Pai, o senhor faz falta, mas o senhor está com Aquele que te amou e que o senhor amou e me ensinou a amar.

À minha mãe, MARLENE, mulher guerreira não só no sobrenome, mas que sempre me ensinou o valor da resiliência, mesmo usando outros termos como: superação, vamos pra frente, força e outras mais. Obrigado mãe por quem a senhora é. Eis a minha homenagem;

ELAINE, esposa amada, companheira, de um coração imenso e muita generosidade. Reconheço que nunca poderei oferecer tudo o que você merece. Mas quero me esmerar em ser melhor hoje do que fui ontem e amanhã melhor do que fui hoje. Receba a minha gratidão e o meu amor;

JULIANE e MARCELLA, filhas que nos foram confiadas por Deus para cuidarmos. Vocês têm sido motivo de muita alegria e gratidão. Sempre procurei ser o melhor pai e oferecer a vocês o melhor. Pela minha limitação tentei acertar; me perdoem se não alcancei o objetivo. JULIANE se comprometeu em acrescentar à nossa família trazendo seu esposo GUILHERME, que tem nos enriquecido ;

NEUSA, minha irmã, caçulinha, sou devedor a você. Obrigado pelo companheirismo juntamente com sua família;

Minha gratidão ao Dr. ANTONIO MASPOLI, um Pastor, Psicólogo, Terapeuta e acima de tudo um Homem de Deus, que em um momento muito difícil da minha vida, me tratou não como paciente, mas como um ser humano que sangrava, com muita humanidade e Graça de Deus. Só Deus para te recompensar. Você me disse na primeira sessão: "Você ainda agradecerá a Deus por este momento ". Confesso: não acreditei; mas você tinha razão!. Ao final de outra sessão me fez uma pergunta: "Oque você gostava de fazer e que não tem feito"? Você é o responsável por estas mensagens que sempre escrevi, mas que por circunstâncias, estava sem motivação para continuar;

Tenho uma série de pessoas que no deserto da minha vida, não me abandonaram, nem desprezaram. São muitos e tenho receio de esquecer. Por isso os chamo de amigos mais chegados e não ex-ovelhas, mas irmãos na mais profunda essência;

Também o grupo denominado "Membros uns dos outros" que da mesma maneira diariamente se importavam comigo e com minha família. O que cada um de vocês fez por mim nunca será esquecido. Recebam a minha profunda gratidão;

A um outro grupo querido, que pude conhecer e que iniciamos algo que amo demais: falar de Jesus. A cada encontro vocês me davam vida, que achei que tivesse acabado. Obrigado "Discipulado no lar";

A você querido leitor ou leitora, que em algum lugar deste mundo e num tempo não definido, o desejo que estas poucas palavras e reflexões afetem a sua vida e que o (a) levem a ter com Deus um relacionamento íntimo e profundo, que exclua a religiosidade, e que gere uma espiritualidade sadia e vigorosa.

Pastor Neuci Silva

Fevereiro de 2019

Pastor Neuci Silva

Dia a Dia com Deus

Ouvindo Deus a cada manhã

SUMÁRIO

O VALOR DO DIA

ESTE É O DIA QUE O SENHOR FEZ; REGOZIJEMO-NOS E ALEGREMO-NOS NELE Sl. 118:24

Esse é o dia que o Senhor fez. Deposite toda a sua alegria e confiança em Deus. Não sabemos absolutamente nada do que nos acontecerá. Não sabemos que notícias teremos, que demanda teremos. Mas baseados neste versículo acima podemos ter e viver duas certezas: 1. Hoje é um presente de Deus : e tudo que vem Dele é bom; toda Boa dádiva e todo dom perfeito vem do Alto, do Pai das luzes. Isso é maravilhoso. Hoje é o presente; ontem ja foi e amanhã 2. não permita que nada e nem ninguém roube as dádivas do dia de hoje. Questões externas conspiram; mas também temos sabotadores internos como pessimismo, negativismo, medo, dúvida, insegurança, complexos de inferioridade assolam o nosso íntimo, aquela região tão profunda e que guardamos a sete chaves para nos assaltar o melhor de Deus em nós, pois Ele está em nós. Minha oração é para que eu viva hj diante de Deus, comigo e com todas as pessoas o melhor dia da minha vida. E convido vc a fazer o mesmo. E que no final do dia olhemos para hj e concluamos que valeu a pena o presente de DEUS. ELE CONTINUA SENDO DEUS. NÃO HA IMPOSSÍVEIS PARA ELE. Um bom dia em Nome de Jesus.

OLHANDO O NOSSO DIA

Boa noite queridos... daqui a pouco vamos dormir. Não sei como foi o seu dia... vitórias, derrotas, alegria, tristezas, sorriso ou choro. Bom.. acabou o dia de hoje. Neste sentido lembro-me do texto sagrado que diz : Em paz me deito e logo pego no sono (sl. 4:8). O que eu gostaria de destacar é a expressão em paz me deito. O que mais o mundo carece é de paz... e paz não significa ausência de problemas. Então como resolver esta equação? Precisamos dar o devido foco na paz. Podemos olhar agora para o nosso dia e avaliarnos se estamos em paz com Deus. Ele nos oferece a Sua paz conosco... Jesus disse: deixo vos a paz a minha paz vos dou (Jo. 14:27). Que privilégio Deus nos da: Sua paz... nada pode se intrometer neste processo... temos a paz com Deus.. e por isso podemos deitar e pegar no sono. Mas temos outra área que é a paz conosco mesmo. Acertamos e erramos; vencemos e perdemos, mas que tal olharmos todas estas situações com olhos de paz? Podemos e devemos viver em paz conosco mesmo pois Deus quer e isso gera saúde para nós. .. a começar pelo sono. Por isso mesmo que o dia pra mim não tenha sido 100% e nem tenha acontecido tudo o que eu desejava, não pode impedir que eu possa deitar e dormir em paz, porque sei que é Deus quem me sustenta. Vou deitar assim com esta disposição e convido você a fazer isso também. Amanhã? É outro dia e é por conta de Deus. Bom descanso.

VIVENDO O MELHOR DIA DE NOSSAS VIDAS

Texto Sl. 23

Bom dia... estamos iniciando mais um dia... e certamente teremos nossos compromissos rotineiros mas alguns podem ser cancelados e outros inesperados podem surgir, bons ou ruins. A minha pergunta é : o que te faz iniciar o dia? qual é a motivação para que você viva hoje? Creio que infelizmente ha pessoas que não tem uma resposta; estão vivendo no automático e não conseguem ter uma motivação clara para este novo dia. Gostaria de citar um versículo marcante e que poderá resolver este dilema: O Senhor é o meu Pastor e nada me faltará. Sei que este texto é muito comum, voce ja deve ter ouvido e lido várias reflexões e honestamente não tenho nada de novo para escrever. Mas eu imagino a cena de uma simples ovelha no campo que dormiu e viu a luz chegar, o dia amanhecer e espreguiça e olha diante de si a relva para se alimentar, água para beber e de repente vê uma pessoa que vem ao seu encontro para olhar para ela, ver seu estado, tirá lá de seu local e dirigi la para outro local sempre com muito cuidado e atenção. A ovelha por vezes quer pegar outros caminhos ou atalhos mas o Pastor vai lá e traz novamente para o caminho certo pois quer o melhor daquele animal. Durante o dia estará suprindo todas as necessidades, exercendo a sua proteção e não permitindo que absolutamente nada de mal aconteça pois aquela ovelha é muito cara para Ele. Pois bem. .. lá vamos nós como esta ovelha e cuidados por este maravilhoso Pastor. Você ja parou para pensar que Deus ja tem o nosso dia planejado? Que o Seu cuidado por nós é intenso e extremo? Que Seu amor é incondicional e que absolutamente nada acontecerá conosco que Ele não saiba e não tenha poder para agir? Por isso o meu desejo neste dia é de ser uma simples ovelha, que reconhece as suas limitações e fragilidades, que sabe dos riscos e perigos nas que opta pela proximidade com o Pastor e busca a direção para tudo. Que se sinta protegido e seguro por Ele e que tenha prazer de estar perto Dele. E convido você a andar comigo nesta mesma condição de ovelha dependente na jornada e aventuras deste dia. Que Jesus o Supremo Pastor nos guie e que nós nos permitamos ser dirigidos por Ele.

DEUS, SEMPRE DEUS.

Texto Sl. 19

Bom dia queridos, tudo bem com vcs? ontem a noite fomos presenteados por Deus com uma chuva forte e ventos. Não sei você, mas eu gosto demais... É significativo ver e ouvir o Poder e a força de Deus manifestando o Seu cuidado. Agora estou aqui... acordado e um silêncio. .. pouco barulho mas também sei que Deus está presente e movimentando tudo para nos proporcionar um dia especial. Daqui a pouco o barulho, os movimentos, as buzinas e a agitação quebrará esse aparente silêncio, mas Deus continuará firme em realizar Seus propósitos em nossa vida e por meio de nossa vida. Não sabemos o que está reservado para casa um de nós, Mas creio que Deus continuará firme e Soberano no comando de cada mínimo instante deste dia. A minha oração é para que Deus me faça ver e crer no Seu movimento em realizar todos os Seus propósitos e manifestar a Sua vontade que é Boa, Agradável e Perfeita e que essa visão e compreensão me satisfaça completamente. E eu te convido a que vc perceba Que o Deus de ontem no vento e na chuva, agora no silêncio e daqui a pouco no furacão do dia permanece Poderoso e Soberano em casa detalhe de nossa vida. Que Jesus nos abençoe grandemente.

DEUS DOS DETALHES E PODEROSO EM TUDO

Texto Jo 42:2

Bom dia queridos. .. Que a benção de Deus seja abundante na sua vida neste dia. Estou aqui no silêncio da madrugada que é quebrada por dois sons mínimos mas ao mesmo marcantes: os pingos de chuva e um pássaro e não me pergunte o nome dele pois não é minha especialidade. Mas esses dois sons expressam uma sinfonia Divina pois ambos vem das mãos de Deus e tem por objetivo exaltar a Criação, Manutenção e Beleza de Sua Criação para o nosso dia. Deus sabe quantos pingos de chuva caem... Vc já parou para pensar que tamanho da caixa de água que retém todos os temporais? Essa foi uma das perguntas que Deus fez para Jo. E por vezes não paramos para pensar que é Deus que retém todas as águas nas nuvens para que na hora certa venha para limpar o ar e abastecer a nossa existência. E quanto aos pássaros Ele cuida de cada um deles suprindo completamente a sua existência para embelezar e trazer uma bela paisagem . Fico aqui pensando no cuidado de Deus com estas duas obras e faço um paralelo com o cuidado de Deus em nos dar mais um dia de vida e que isso é intenso e exclusivo para cada um de nós. A minha oração de exaltação e confiança a Ele é para que eu não me esqueça neste dia que o mesmo Deus que oferece uma chuva leve e sons de pássaro logo de madrugada oferecerá tudo aquilo que eu preciso e que posso confiar Nele a cada instante. E convido a você para que experimente de uma maneira muito singela esse presente de Deus: o Seu cuidado pessoal e pleno. Bom dia em Nome de Jesus.

DEUS NOS MANDA DESCANSAR

Texto Sl. 46

Bom dia queridos. .. Que o Bom Deus os abençoe. Hoje é sábado... a semana terminou.. o que era possível fazer foi feito e o que não, ficará para a próxima. Por isso ha dois dias para o descanso, repouso, reposição para uma próxima semana que se Deus quiser teremos. É para repouso e descanso. O grande desafio é que descansamos o corpo mas a mente não para, fica no automático em busca de soluções, inquietações de assuntos pendentes ou que não aconteceram e como o tempo passa rápido, não descansamos e quando chega 2a feira estamos esgotados emocionalmente. E isso vai se repetindo semana após semana, mês após mês e assim por diante. A pergunta é : que resultado concreto e positivo essa mente ligada no intermitente promove? É verdade que as vezes acontece algum insigt e que abre os horizontes e situações são resolvidas. Mas na maioria das vezes desperdicamos energia boa que poderia ser utilizada para a nossa saúde. O que fazer? Um texto bíblico que tem alimentado e literalmente acalmado o meu coração está no salmo 46 e onde destaco: Deus é o nosso refúgio e Fortaleza, Socorro bem presente nas tribulações. O que eu gostaria de enfatizar: Deus, o Senhor Todo poderoso, criador e mantenedor de tudo e de todos é NOSSO (pessoal) com quem temos identificação e que somos conhecidos; sim Ele é refúgio e fortaleza, onde podemos nos apoiar, depositar os nossos fardos a nossa confiança. Mas diz mais que Deus é socorro bem presente (está conosco sempre, não nos abandona nunca, não se distancia e nem nos despreza) de modo específico e crucial nas tribulações, naqueles momentos de crise, angustia e solidão ELE ESTÁ PRESENTE. então, por que ficar com medo, inseguros, preocupados, e até desesperados? Mais abaixo nos faz um convite: aquiete-se pois EU SOU E CONTINUO SENDO DEUS... Brincando com voce até no sábado e domingo... A minha oração é para que eu entenda que posso ter dois dias de descanso da mente e do coração quando toda a minha rotina parou na 6a feira e só retorna 2a feira. Que eu posso confiar em Deus pois Ele é digno de minha confiança e que o que me cabe hoje e amanhã é renovar. E convido você a fazer isso. Aquiete se... tire o fio da tomada... descanse e confie em Deus.

O NOSSO MAIOR PATRIMÔNIO

Texto Sl. 16

Bom dia queridos. .. desejo que todos tenham um dia abençoado em Nome de Jesus. Acordei pensando um pouco sobre uma declaração de fe do escritor sagrado que diz: Não tenho bem maior a não ser o Senhor Deus. Vivemos uma continuidade da historia onde as pessoas tem um anseio em graus de intensidade variados sim, mas focados na obtenção de bens. Quando falamos em bens podemos pensar em móveis, imóveis, automóveis, bens utilitários, legado, amizades, reputação e por aí vai. Apesar de considerar legítimo e necessário, todos estes itens podem ser insaciáveis e não necessariamente trarão a satisfação e a realização plena. Todas estas coisas podem ser perdidas de uma hora para outra; elas podem perder o valor e qualquer momento e o pior não conseguem preencher o vazio de um quarto de hospital, da perda de um ente querido, de um momento de crise emocional. Por isso voltei-me para a realidade de que o maior bem que temos é Deus. Ele é; Não está sujeito às intempéries da vida; aos altos e baixos; as crises econômicas internas ou externas; aos dissabores que a vida nos proporciona; ao abandono das pessoas. Enfim ELE É O MAIOR BEM QUE POSSUIMOS. E o maravilhoso é que Ele se dispoe de uma maneira graciosa e amorosa de caminhar conosco. Neste dia a minha oração é para que eu consiga discernir tamanho privilégio e possa desfrutar desta amizade e intimidade que Ele oferece gratuitamente, sem negociatas e nem terrorismos, Mas através de um doce convite: venha a mim. Que eu caminhe a passos firmes e constantes reconhecendo O como a Pessoa mais importante e impactante e que é o amado da minha alma. Que eu compreenda que estar ao Seu lado gera saúde, vida e prazer. Que nada tenha ou tome o posto de maior patrimônio de minha existência. E convido você a que caminhe comigo neste projeto maravilhoso. Que Deus o nosso BEM MAIOR nos cubra e preencha.

A NOSSA SEGUNDA FEIRA DE CADA SEMANA

Texto Colossenses 3: 17

Nossaaaa... 2a feira. .... Bom antes de mais nada bom dia pra voce em Nome de Jesus. Pois bem... hoje é 2a feira. .. infelizmente muitas pessoas não gostam deste dia... e ha uma explicação : o descanso estava tão bom... mas para termos mais um descanso semanal é indispensável que iniciemos a semana e ela começa com a 2a feira. Ha pessoas que odeiam a 2a feira. Eu sempre brinquei que existe uma maneira de nunca mais você ter a 2a feira : é morrendo. Opa.. aí não. Portanto considere o privilégio de poder acordar e iniciar mais uma semana com trabalho, saúde e focado nas imensas oportunidades que poderão ser enviadas por Deus pra voce. Mas alguns podem dizer: mas vamos começar tudo de novo, a mesma rotina, tudo igual. Faça as mesmas coisas com motivações novas, novo foco e utilize a criatividade que Deus dotou . E que base bíblica posso ter para isso? É que Deus faz novas todas as coisas. Não ha um dia sequer que seja igual. Por isso a minha oração para hoje é que eu possa oferecer para este dia o melhor de mim ... que tudo o que eu fizer seja em palavras, ações e pensamentos seja para honrar a Deus e com ações de graça. Que eu possa tornar hoje, 2a feira o melhor dia da minha vida. E eu convido a voce para que faça o mesmo e que ao final do dia possamos olhar para trás e ver que valeu a pena ter vivido. Deus te abençoe neste 2a feira.

A DOCE VOZ

Texto Salmo . 19:8

Bom dia queridos. .. Que Jesus os abençoe em tudo neste dia. Fui dormir esta noite ouvindo as informações da pesquisa eleitoral. E apesar de ser incrédulo com estas pesquisas por várias razões entre elas que não conheço ninguem que foi consultado, ha sempre uma afirmação : o grau de veracidade é de tantos por cento. Ou seja, a pesquisa não tem plena credibilidade. E a razão que motiva hoje a escrever é : qual a fonte de orientação para a minha caminhada? Conheço pessoas que não iniciam o dia sem lerem ou ouvirem o que dizem o horóscopo; outros precisam ouvir uma palavra de algum guru espiritual. Mas temos um manual maravilhoso que é a Bíblia, que é a voz do Próprio Deus aos nossos olhos quando lemos, a nossa mente assimila, aos nossos ouvidos quando somos perceptivos na leitura como ouvintes e sensíveis quando descem ao coração. Mas mesmo assim por vezes nos apoiamos em pessoas que tem a oratória e precisamos de ouvir o que elas tem a dizer para nós. Que tal se saissemos da vida infantil e descobrissemos por nós mesmos as verdades eternas de Deus como sendo o bom dia Dele para nós? Creio que podemos tirar 5, 10 minutos da manhãzinha para ouvi LO como sendo o Seu recado pessoal para este dia. A minha oração é que hoje eu priorize ouvi LO e que a Sua doce voz registrada na Bíblia me impulsione durante todo o dia e que eu tenha cada vez mais vontade de ler e ouvir o que Ele tem para mim. Que mesmo que os meios de informação e as redes sociais tragam notícias das mais diferentes ordens, que eu priorize e discirna à partir de Deus. Eu convido voce a que reserve alguns minutos para ler e ouvir Deus na Bíblia, pois nela encontraremos todas as dicas para uma vida bem sucedida e com percentual de credibilidade de 100%. Vamos pra mais um dia confiantes unicamente em Deus.

PREPARANDO A AGENDA

Texto Provérbios 16:1

Bom dia queridos. . Desejo que este dia seja muito abençoado por Deus. Acordei pensando nos meus afazeres para hoje e imediatamente parei e acrescentei: se Deus quiser. A Palavra de Deus nos ensina que : o coração do homem pode fazer planos mas a resposta certa vem dos lábios do Senhor. É maravilhoso esse ato de Deus nos confiar essa prerrogativa de planejar, o que é indispensável para que tenhamos um norte e não percamos tempo e nem energia boa . Mas não necessariamente tudo o que agendamos ocorrerá; pode ser menos ou mais. E isto tudo segundo a Sua vontade. Deus sempre nos surpreende e numa linguagem bem humana pois todos somos, positiva ou negativamente aos nossos próprios olhos, e que depois poderemos entender ou não . A minha oração neste dia é que eu tenha olhos para ver, ouvidos para ouvir a direção de Deus, sensibilidade para os movimentos que Deus quer que eu de e um coração confiante de que a Sua vontade é boa , agradável e perfeita e convido a voce que comigo viva este dia em profunda DEPENDÊNCIA DELE.

UMA PESSOA ORDINÁRIA SENDO ALVO DE UMA OBRA EXTRAORDINÁRIA

Texto Lucas 1

Bom dia queridos tudo bem com vocês? hoje já é 5a feira. .. semana passando rápido demais. Hoje eu gostaria de refletir com você sobre um texto bíblico. Tenho lido os Evangelhos na carreirinha e li o primeiro capítulo do Evangelho de Jesus segundo Lucas. Muito gostoso ler e apreciar a forma que Deus usou pessoas como você e eu para narrar a visão e os detalhes sobre esta Pessoa maravilhosa que é Jesus. O que eu gostaria de destacar é que neste capítulo ocorre por 2 vezes uma intervenção extraordinária em histórias ordinárias. O primeiro caso de um casal de linhagem sacerdotal Zacarias e Isabel que levavam uma vida normal e de dedicação a Deus. Mas havia um fato que os marcava: não tinham filho. Na velhice um anjo enviado da parte de Deus visita o sacerdote e diz: vocês gerarão uma criança e o nome dele será João e terá uma missão grandiosa. Essa notícia caiu como uma bomba na vida deste casal ordinário. Para isso teria que acontecer algo extraordinário em virtude das limitações físicas e da idade de ambos.

MAS AI VEM A FRASE QUE EU GOSTARIA DE DESTACAR NESTA REFLEXÃO: HÁ ALGO IMPOSSÍVEL PARA DEUS?

Seis meses depois ocorre outra visitação de Deus através de um anjo para uma jovem noiva prestes a se casar e a noticia é : você vai engravidar. Mas como acontecerá isso visto que ela não mantinha uma vida sexual? O anjo explica para ela que seria uma Obra do Espirito Santo (extraordinária) em uma pessoa ordinária, pois PARA DEUS NÃO HA IMPOSSÍVEIS. Desta Obra extraordinária viria Jesus, o Messias esperado. O que caberia a estas pessoas ordinárias era crer no Deus que faz coisas extraordinárias. Pare um pouco agora.... faça um exame sincero em seu coração e pergunte para si mesmo: o que você precisa que Deus faça de extraordinário em sua vida ordinária? Que assuntos que tem afligido ou que necessidades ou que pendências você tem que só Deus é que pode intervir decisivamente? Você crê de todo o coração que PARA DEUS NÃO

HÁ IMPOSSÍVEIS? Observo que ambas as cenas o que coube a cada um destes personagens foi se submeter a esta INTERVENÇÃO EXTRAORDINÁRIA. A minha oração hoje é para que eu creia QUE NÃO HÁ DA PARTE DE DEUS NADA DE IMPOSSÍVEL E QUE EU ME DISPONHA A QUE ELE AJA EXTRAORDINARIAMENTE EM UMA VIDA ORDINÁRIA COMO É A MINHA e convido você a que neste início de dia quer aquilo que você aguarda ou quem sabe nas demandas deste dia creia que PARA DEUS NÃO HA NADA IMPOSSÍVEL.

SEGUROS OU SOLTOS?

Texto Efesios 3:20

Bom dia queridos tudo bem? Estava aqui pensando que sentimento eu tenho hoje 6a feira. Bem... algumas coisas aconteceram que foram marcantes. .. pude sentir o cuidado de Deus em várias áreas de minha vida. Mas também algumas coisas e respostas não aconteceram e isso traz uma certa frustração. Mas aí coloquei estes dois sentimentos na balança e constatei que a gratidão é imensamente maior do que a frustração e preocupação. Mas qual é o fundamento que me faz ser mais agradecido do que angustiado ao finalizar esta semana e mês? Está na certeza absoluta que a minha vida está nas mãos de Deus e não no acaso. Eu vi ha muitos anos um quadro onde existiam duas mãos postas segurando o globo terrestre. Aquela imagem pra mim era muito forte apontando que Deus tem o mundo em Suas mãos. Imaginou o tamanho das mãos Dele? Somos hoje aproximadamente 9 bilhões de pessoas? Em um aniversário ganhei uma tela pintada com esta cena de uma querida que pude revê-la juntamente com seu esposo esta semana e este quadro está no meu quarto e todas as vezes que eu entro no quarto me deparo com esta cena e renovo a certeza que a minha vida, meus dias, meu presente, meu amanhã e meu futuro está nas mãos poderosas de Deus e ninguém pode arrancar, destruir ou frustrar pois DEUS É PODEROSO. Por isso eu tenho gratidão a Deus e não frustração; tenho gratidão e não ansiedade; tenho gratidão porque eu sei que Deus tem o controle de tudo em Suas mãos. Não vivo de sorte ou azar; vivo na dependência de Deus e tenho certeza absoluta do Seu Amor e de Sua Misericórdia e Graça e que Ele tem os melhores pensamentos e projetos para a minha e a sua vida. Por isso inicio o dia e ao mesmo tempo encerro o mês fazendo um balanço e concluindo que apesar de ainda não ter acontecido tudo o que eu esperava, mas com gratidão pelo que Ele fez e ainda fará neste dia e nos que restam ainda neste mês. A minha oração neste dia é para que eu tenha no meu coração e na minha mente paz; que meus olhos e ouvidos estejam sensíveis para ver, ouvir e relembrar seus presentes até aqui. Ao mesmo tempo que a minha convicção de que a Pessoa mais interessada na minha vida é Deus e que Ele tem os maiores e melhores pensamentos e propósitos para a minha vida. E eu convido a voce a que juntos tenhamos em nosso coração e mente que DEUS É PODEROSO PARA FAZER INFINITAMENTE MAIS DO QUE TUDO O QUE PEDIMOS OU PENSAMOS SEGUNDO O SEU PODER QUE OPERA EM NÓS. Não estamos largados e nem soltos: ESTAMOS NAS MÃOS FORTES E PODEROSAS DE DEUS. Um bom dia em Nome de Jesus.

EM TURNO COMPLETO

Texto Sl. 37:7

Bom dia queridos, tudo bem? Hoje é sábado... dia do descanso. Muitos não trabalham.. outros meio período... outros estão atarefados em casa... roupa, limpeza, supermercado. Mas eu gostaria de lembrar a importância do descanso e Deus em inúmeras vezes nos diz DESCANSE. Gostaria de lembrar um texto: DESCANSE NO SENHOR. O nosso corpo pode entrar em descanso, mas e a nossa mente? Digo preocupações, tristezas, angústias e respostas que ainda não vieram. E minha oração é que eu possa obedecer a Deus não porque eu não posso fazer nada então só me resta esperar... Não. .. isso não é descansar! Eu quero depositar todos os meus sentimentos e descansar que Deus aceita, cuida e tratará da melhor maneira possível pois Ele não dorme e enquanto dormimos Ele trabalha por nós e fará o que é impossível para mim. Convido vc a que hoje descanse o seu corpo e também as suas inquietações. Ele te convida e te oferece essa oportunidade de confiar Nele. Vamos descansar em Deus?

A MAIOR NOTÍCIA

Texto João 3:16

Bom dia queridos, tudo bem? hoje é domingo... e neste dia relembramos um momento determinante na história da humanidade após o nascimento de Jesus que é a Sua ressurreição. A vitória de Jesus sobre a morte nos oferece: 1. O sacrifício de Jesus foi eficaz: Jesus pagou todos os nossos pecados passados, presentes e futuros... e de toda a humanidade. Se Ele tivesse apenas morrido seria como qualquer ser humano bem intencionado; mas Ele morreu e ressuscitou e isso nos assegura que Seu propósito em nosso favor foi cumprido; 2. Ele nos tornou livres : a Sua ressurreição foi eficaz pois Ele disse que poderíamos conhece LO e assim seriamos LIVRES. Esse libertação é da condenação - agora pois nenhuma condenação ha para os que estão em Cristo Jesus; livres de religiosidade - a caminhada de fé não é por medo de Deus, pois Ele expressou o Seu amor em querer relacionamento conosco; nem por performance, pois nenhum de nós consegue cumprir a Sua Lei. A nossa jornada é com Cristo e pela Sua Graça; 3. A ressurreição de Jesus nos leva a uma vida de gratidão e fé – estávamos perdidos e fomos achados; estávamos mortos e ressuscitamos em Cristo, logo agora podemos desfrutar de Sua vida. Nada e nem ninguém pode nos separar Dele e portanto devemos viver alegres, agradecidos e comprometidos NELE e com ELE. Isso me leva a desfrutar desde já em pequenas doses do que será a vida eterna, que já começou mas ainda não plenamente. Por isso neste dia a minha oração é para que eu relembre o Grande Amor de Deus pela minha vida; que eu relembre que a minha confiança está firmada no Deus vivo; que eu relembre os benefícios incontáveis de Sua morte e ressurreição; que eu compartilhe com pessoas amadas tanto através de minha vida como também através de palavras esta Obra de amor; e por fim que eu viva este dia com muita alegria e que tenha a disposição de viver a essência do Evangelho e não o jugo da religiosidade pois Jesus morreu e ressuscitou para me tornar livre só para Ele. Convido você também a que vivamos este dia com excelência e brindemos a alegria em Deus que ninguém pode roubar e nem abalar pois tem Sua origem em Cristo Jesus Nosso Senhor. Que tudo o que façamos hoje seja para a Glória DELE. Um bom domingo a todos... curtam cada momento à partir da Ressurreição de Jesus.

A PAZ A QUALQUER PREÇO

Texto João 14:27

Bom dia queridos, tudo bem? um dos fatos que tem marcado demais os nossos dias é a violência. Nas ruas , nas casas, nos meios de transporte, nos campos de futebol, e de modo muito especial nestes tempos pré eleitorais. A intolerância está cada vez mais intensa e chego a afirmar que está sem controle. Não podemos expressar a nossa opinião e nem a nossa opção que corremos o risco de sermos agredidos. Nesta semana temo que todo cuidado é pouco. O que fazer? Como reverter este cenário tão triste onde nos esquecemos que somos todos iguais e que as nossas diferenças são mínimas e que devem ser respeitadas? Creio de todo o meu coração que toda a mudança tem sua origem na pessoa; de dentro pra fora e principalmente o seguidor de Jesus tem como missão ser este agente de mudança pois entre tantos atributos de Jesus ELE É A NOSSA PAZ. Jesus veio para trazer as boas noticias - Evangelho e sempre divulgou a necessidade de que a Sua paz fosse não somente um lema, mas algo existencial, vivido intensamente. Quando Ele envia seus discípulos ao mundo diz: levem a paz. Onde chegarem ofereçam a paz . Jesus em muitas situações tensas e porque não críticas sempre agiu com paz, por exemplo quando estava sendo preso um discípulo Seu corta a orelha do soldado... Ele repreende e cura. Devemos ser pregoeiros da Paz de Cristo. A minha oração neste dia é que eu priorize e viva intensamente a paz de Cristo. Que onde eu for, o que eu fizer e com quem me relacionar transmita a paz de Cristo que foi prometida por Ele a todos os Seus discípulos. E que o resultado é que mesmo vivendo dias de tanta violência e quase uma guerra Civil, eu seja um agente da Paz de Deus. E convido você a que juntos tenhamos e carreguemos a bandeira Branca. Que naquilo que depender de nós vivamos em paz uns com os outros. Que Ele nos abençoe.

CALANDO A ALMA

Texto salmo 5:3

Bom dia queridos... desejo que o Bom Deus conceda um dia muito especial a cada um de vocês . Um dos grandes desafios de nossos dias é a imensidão de informações que recebemos a cada minuto. Digo que é um desafio pois como é complicado processar e arquivar. São notícias boas e ruins; úteis e inúteis; Que acrescentam e que descostroem. E neste meio estamos nós e tudo isso gera um embaraço enorme que rouba muito de nossas energias e que fazem que percamos com certa facilidade o objetivo de nossa vida. Temos que nos esforçar muito para manter o foco e ter a direção segura para cada uma das decisões e escolhas de nossa vida. Neste imenso ruído e na busca de acertos entendo a necessidade existencial de ouvir Deus e seguir a Sua orientação. Neste sentido destaco um versículo que de modo especial estou desde cedo declarando para Ele: de manhã te apresento a minha oração e fico em silêncio esperando a Tua resposta. Dentro de perspectiva da espiritualidade cristã este versículo nos impulsiona para uma disciplina espiritual chamada solitude, que na verdade é buscar um silêncio interior para ouvir a voz de Deus. Todos sabemos que barulho externo é constante; mas o nosso desafio é conseguir calar a nossa alma, fazer com que nossos pensamentos silenciem e que possamos experimentar no silêncio interno a direção de Deus, os passos que Ele quer que sejam dados; enfim que Ele assuma e dê o start para cada assunto de nossa vida. Confesso que é difícil pois vivemos em tempos de respostas rápidas, de decisões exigidas a cada instante e sem falar da ansiedade. Mas hoje eu estou orando e quero a cada dia falar com Deus e colocar os meus pensamentos e possíveis decisões debaixo do tapete de Deus; quero aquietar a minha mente e meu coração; controlar este turbilhão da minha mente e de meus sentimentos e esperar de Deus a Sua orientação e voz de comando. Solitude. .. falar com Ele... ficar quieto e esperar a Sua resposta. E convido você a que comigo façamos com fé esta prática e experimentemos no nosso interior o silêncio da madrugada. Que sejamos perseverantes e determinados nesta empreitada... Que ouçamos unicamente a Deus e que os nossos pensamentos e sentimentos sejam minimizados. Que Ele em Sua grandeza e poder nos ajude neste proposito.

UM MOMENTO PARA UMA NOTÍCIA

Texto Lamentações de Jeremias 3:22-23

Bom dia queridos, tudo bem? BOA NOTÍCIA... a cada manhã e também durante o dia o que mais desejamos é receber alguma notícia que nos alegre e que transforme o nosso dia trazendo alegria e novos propósitos para a nossa existência . Mas incrível que pareça vivemos tempos de más notícias e elas contaminam o nosso interior e minam as nossas energias e ânimo. Mas eu iniciei falando de BOA NOTÍCIA... e isso tudo porque Deus nos oferece BOA NOTÍCIA para nós que estamos vivos logo de manhã. O fato de acordarmos nos dá a certeza de que temos uma BOA NOTÍCIA. E que BOA NOTÍCIA é essa? A Bíblia nos ensina Que as misericórdias do Senhor que são a causa de não sermos consumidos, elas foram renovadas. Quero me ater a palavra MISERICÓRDIA. Ela quer dizer amor constante e Leal de Deus... Pois bem essa expressão prática de Deus foi renovada... começou tudo do zero... Deus está nos dando um novo dia.... folha em branco... linhas a serem preenchidas por nós. Isso já seria maravilhoso. .. mas não para ai: essa misericórdia é dada à nós gratuitamente e incondicionalmente. A palavra misericórdia é a junção de dois termos : miseráveis + cardia. Miserável é alguém desprovido de qualquer atributo, valor... cardia está ligada ao coração. Então agora toma corpo e concluímos sobre a BOA NOTICIA. ... DEUS DE UMA MANEIRA MARAVILHOSA PEGA PESSOAS MISERÁVEIS E TRAZ PARA O SEU CORAÇÃO E OFERECE UM DIA . Você consegue imaginar que ato de amor de Deus? Você entende que BOA NOTÍCIA Deus te oferece hoje ? A minha oração é para que eu valorize essa misericórdia renovada e que eu viva de maneira exponencial... que eu desfrute de cada segundo como presente de Deus que mesmo sabendo quem sou, me ofereceu a oportunidade de recomeçar. Que eu viva de tal forma que valha a pena este ato de Deus por mim. Que eu saiba que Deus tem muitas surpresas para mim e que eu tenha a sensibilidade para ver, desfrutar e agradecer. Convido você também a viver esse dia para a Gloria Dele. Em meio a tantas más notícias somos pessoas que já iniciam com BOAS NOTÍCIAS. Deus nos abençoe.

DEUS ESTÁ E VAI CONOSCO

Texto Deuteronômio 20:1

Bom dia queridos... Que Jesus nos abençoe neste dia. Ontem eu trouxe uma reflexão sobre o privilégio que Ele nos concede de mais um dia. E confesso que tive momentos difíceis mas me lembrava que a misericórdia de Deus tinha sido renovada e que por isso tinha que erguer a cabeça e saber que tudo era novo. Hoje me veio a mente enquanto falava com Deus a imagem do cuidado DELE com Seu povo lá no deserto e a frase que mais me tocou era: O SENHOR VAI ADIANTE DE VÓS. Toda aquela multidão que passara 430 anos como escravos no Egito eram tirados com a mão forte de Deus através de Seus atos miraculosos usando a vida de um homem comum chamado Moisés. Ao saírem pegam um caminho que nunca mais passariam por ele . Se defrontam com o Mar... e agora? A ordem é diga ao povo que marche pois EU O SENHOR vou a frente. Miraculosamente o Mar se abriu e o povo passou a pé seco. No deserto eles eram providos de tudo o que precisavam. E sempre ouviam: O SENHOR VAI ADIANTE DE VÓS. Cada momento e em cada experiência o povo era lembrado que Deus estava com eles e que ia a frente deles. O que nos espera neste dia? Que desafios teremos que passar? O que estamos esperando? Que respostas aguardamos: elas virão? Na verdade não sabemos de absolutamente nada sobre este dia. Mas a única certeza que temos e ela é suficiente para nós é QUE DEUS ESTÁ CONOSCO E QUE ELE VAI ADIANTE DE NÓS. Veja que verdades consoladoras e encorajadoras: ELE ESTÁ E VAI ADIANTE. Isso nos remete a dois fatos: não estamos sós e não enfrentaremos nada que Deus não trombou primeiro . ELE JÁ ENFRENTOU ANTES DE NÓS. ... Ele sabe e já aliviou o impacto para nós e por estar conosco nada e nem ninguém é capaz de ser obstáculo para Ele e nem para nós. A minha oração neste começo de dia sem saber o que enfrentarei é que eu não me esqueça em nenhuma circunstância que ELE ESTÁ COMIGO E QUE VAI ADIANTE DE MIM. Que eu não tenha medo mas me sinta fortalecido com a companhia do DIVINO COMPANHEIRO nesta jornada. E convido você a que juntos trilhemos este dia com esta convicção.

CONFIANÇA SÓLIDA

Texto Salmo 18

Bom dia queridos... Deus abençoe a cada um de vocês. Quero relembrar um texto que diz: O SENHOR É A MINHA ROCHA EM QUEM CONFIO. Estamos vivendo dias que antecedem as eleições e o que mais ouvimos são projetos, promessas, dados estatísticos e em cima disto tudo promessas e mais promessas. Nós temos um combustível motivador que são as promessas que nos fazem mas nem sempre se cumprem e ai vem a decepção. Mas podemos ter uma certeza maravilhosa não como última porta mas como a primeira e a mais certa: DEUS É A NOSSA ROCHA. Quando penso em Rocha a imagem que me vem é de um Terreno sólido; e a parábola dos dois homens que edificaram a casa uma sobre a areia e a outra sobre a rocha é uma bela ilustração. Ambas as casas enfrentaram as mesmas adversidades e somente uma se manteve: a que foi construída sobre a rocha. Que maravilhoso saber que tenho em Deus essa segurança de que nada e ninguém é mais forte do que Ele. Que posso me apoiar NELE depositando todas as minhas necessidades, minhas dúvidas, anseios e expectativas e que Ele é suficiente; Ele me basta. Mas para isso é condição sine qua non que eu compreenda e me submeta a Sua orientação e direção. Se Ele é a minha rocha, eu não encontrarei em nada e nem em ninguém a segurança, apoio e força para tudo o que tenho para este dia. Enfrentarei muitas situações e os mais variados terrenos mas NELE eu tenho o REFÚGIO E A FOETALEZA E O SOCORRO BEM PRESENTE. A minha oração hoje é para que eu deposite Nele toda a minha ansiedade, minha confiança e peça com toda a humildade a Sua ajuda e direção. Que eu tenha cada vez mais a certeza de que dependo DELE e que só ELE tem tudo o que preciso. E convido a você para que possamos nos apoiar completamente EM DEUS. Não sei que assuntos você tem pra resolver, outros que surgirão; Mas não importa... Que ousemos depositar toda a nossa vida na Rocha que é o Nosso Deus. Um grandioso e abençoado dia.

BEM DETERMINADO

Colossenses 3: 23-25

Bom dia queridos.... espero que todos tenham tido um final de semana renovador e estejam prontos para mais uma semana de trabalho, desafios, surpresas e vitórias. Foi um final de semana atípico. .. tenso, mas agora vamos pra frente. Neste dia gostaria de relembra-los um texto que expressa 3 aspectos indispensáveis para um dia abençoado : foco, determinação e motivação. Tudo quanto fizerdes (foco) seja em palavras e ações fazei-o como para o Senhor (determinação) certo de que Dele recebereis a recompensa. A Cristo o Senhor estais fazendo (motivação). Hoje é um novo dia, estamos iniciando uma nova semana e portanto como seguidores de Jesus temos razões para sermos diferenciados em tudo. Por isso o meu pedido a Deus é que tudo que me vier as mãos eu faça com excelência; Que eu tenha visão e criatividade diante dos desafios e possa trilhar cada momento com muito ânimo e gratidão. E que no final do dia possa olhar para trás e ver que valeu a pena o dia e reconheça Deus em tudo. E convido você a que também tenha foco, determinação e motivação para este dia que Deus nos dá. Um grande dia para você na companhia do Criador.

DEUS SABE

Texto Lucas 12: 22-34

Bom dia queridos... Jesus os abençoe neste novo dia. Estava refletindo na Palavra de Deus no Evangelho de Lucas onde Jesus usa uma expressão que acontece 365 vezes em toda a Bíblia: NÃO TEMAS. No caso específico Ele está encorajando os Seus seguidores diante de muitas tribulações que enfrentariam. E aqui de modo especial Ele diz: até os fios de cabelo de vossa cabeça estão contados. Que fantástico saber que Deus se interessa por um detalhe tão pouco relevante para nós mas que para Ele é tão significativo. Não tenha medo... em outras palavras Ele está dizendo pra mim e pra você que ao invés de ficarmos atemorizados diante das situações mais inesperadas ou mesmo até previstas a ordem é : CONFIA EM MIM DIZ JESUS pois até o número de fios de cabelo Ele sabe. A minha oração hj a Deus é que eu confie Nele o que eu preciso confiar e se surgirem situações inesperadas eu também possa ter uma ação e não reação : CONFIAR NELE pois ELE TEM TODO O PODER. Eu convido vc a que possamos viver cada segundo experimentando a confiança em Deus.... ELE SE INTERESSA POR CADA DETALHE DA NOSSA VIDA. Que os temores possam ser substituídos por confiança NELE. Um bom dia em Nome de Jesus.

VAI TUDO BEM?

Texto Colossenses 3:15b

Bom dia queridos.... tudo bem aí? Essa pergunta parece um jargão não é mesmo? Mas hoje ela tem um propósito: que avaliemos com clareza o cenário real de nossa existência. Digo isso pois temos uma grande facilidade para listarmos as nossas dificuldades; as coisas que não deram certo e também o que ainda não aconteceu. Mas nos esquecemos de tantas coisas grandiosas que ocorrem a cada instante e que passa batido em nosso dia a dia. Por exemplo acordar... você já imaginou o que significa poder acordar? É Deus nos dando de graça mais um dia para viver da melhor maneira possível. Poder enxergar, levantar, andar, falar, fazer o nosso asseio pessoal; podermos nos alimentar, sentir cheiro, gosto, podermos apalpar, raciocinar, respirar sem auxílio de máquinas, nos locomover por conta própria, ouvir, podermos gostar ou não de algo, etc. A lista vai longe... por exemplo termos paz, alegria, desfrutarmos deste tempinho úmido tão necessário também. De saber que em Cristo Jesus temos paz com Deus, que nenhuma condenação há para os que estão em Cristo Jesus. Que podemos viver sem culpa... que apesar de nossas imperfeições e erros a Graça de Deus é maior e perdoa e nos oferece a oportunidade de recomeçar e seguir em frente. Somos livres em Cristo para viver para Ele, de amar, perdoar, de acolher, de cuidar de outros. De termos a certeza absoluta que somos amados por Deus e que nada e nem ninguém é capaz de nos separar de Cristo Jesus. Que podemos desfrutar de cada momento e situação com a companhia do Espírito Santo. Pare um pouco agora e reflita o que mais voce tem para destacar que Deus te oferece como presente. Pensou? Listou? Pois bem por isso a minha palavra neste dia é GRATIDÃO. Considero uma das palavras mais importantes e pouco valorizadas em nosso vocabulário. Não usamos o suficiente em nosso palavreado diário. A pior coisa é gente mal agradecida ou ingrata não é mesmo? Hoje eu quero rechear o meu coração, a minha mente e as minhas palavras de gratidão. Quero agradecer pelo que tenho... até este celular que está entrando em estado de óbito. .. aquece, trava, bateria dura 1hora . Agradecer por cada coisa que acontece mesmo aquelas que não gostaria; Agradecer pelo que ainda pode acontecer e também pelo que ainda não será hoje. Tudo isso porque Aquele que está me dando a vida tem todo o interesse em mim; tudo o que diz respeito a mim é da conta DELE e portanto Ele sabe o que é melhor, o tempo e o modo. E eu gostaria de convidar você a este exercício de fé. .. a não sermos as pessoas do mais ou menos ou do tudo ruim; mas sim pessoas AGRADECIDAS A DEUS. Que Deus assim nos convença e que vivamos hoje uma grande aventura de fé e gratidão.

A REALIDADE DA VIDA

Texto Salmos 30: 5

Bom dia queridos... um domingo abençoado a todos. Um versículo que hoje meditei é: o choro pode durar uma noite; mas a alegria vem pelo amanhecer. Há muitas coisas que nos fazem chorar: dor, perdas, tristezas, decepções, abandono, solidão, saudades, ingratidão, indiferença, injustiça, insensibilidade. Mas também choramos de alegria, de realização, uma notícia maravilhosa, um reencontro, um sonho realizado. Ou seja podemos chorar por coisas ruins ou boas. Pelo que entendo o salmista está tratando de assuntos ruins e que doem a ponto de arrancar lágrimas. Não existe lavagem de dor a seco. A dor é solitária... ninguém pode dizer que sabe o que o outro está passando... podemos imaginar. Mas se a dor é solitária, também temos que compreender que ninguém é campeão da dor. Enfim, o choro é a expressão de um estado interior quer feliz quer triste. Mas há algumas coisas relevantes que eu gostaria de destacar: 1. Possibilidade: o texto nos diz que é possível... que podemos ter noites cinzentas , ninguém escapa; 2. Transitória: é durante a noite, é por um período, tem limite. É verdade que as vezes achamos muito prolongado... parece que o tempo não passa... a circunstância parece não ter fim; 3. O riso, sinal de que passou: a noite encerra o seu tempo e aí amanhece, o sol chega, um novo dia raia, tudo começa de novo, a esperança se renova, a tempestade passa. É maravilhoso ter esta certeza de que Deus está conosco tanto a noite como no dia; tanto na tempestade como na bonança; tanto no choro como na alegria. Tudo enfrentamos e Ele está conosco; tudo passa e Ele é o nosso companheiro. A minha oração neste dia é para que mesmo que eu ainda esteja chorando por fora ou por dentro; mesmo que ainda esteja doendo, que eu tenha a certeza absoluta que ela tem limite, prazo determinado e que Deus vai reverter. Não sei que noite você está passando, mas te convido a que juntos encaremos este período de horas, dias, meses ou anos com a nossa cabeça erguida pois mesmo que as circunstâncias queiram baixar a nossa cabeça, o nosso socorro vem do Alto. O choro pode... Mas a alegria vem. Deus nos abençoe, fortaleça, encha o nosso coração das virtudes Divinas e que possamos nos deliciar pela fé com a alegria mesmo ainda vivendo a noite de choro, pois vai passar e não estamos sozinhos nessa.

UMA PESSOA FASCINANTE

Texto Mateus 11: 28-30

Bom dia queridos tudo bem com vcs? Desejo um dia muito abençoado a todos. Início rendendo a minha homenagem a um grupo de pessoas muito especiais que todos nós carregamos na nossa história de vida que são os professores. Gente como a gente mas que receberam uma vocação de transmitirem informações e conhecimentos desde a alfabetização até as graduações. São pessoas que apesar de suas lutas pessoais, falta de reconhecimento e valorização insistem em cumprirem o seu chamado com alegria por causa de sua vocação. Qual de nós não se lembra da primeira professora? Portanto o meu respeito e valorização a estas pessoas tão especiais. Mas não posso me ater somente a isso ; aprendi há alguns anos que nesta vida não temos nem amigos e nem inimigos: temos professores; com alguns aprendemos o que devemos fazer e com outros o que não devemos. E é verdade.. e isso diz respeito a nós também e me leva a duas perguntas sérias: quem tem sido o meu Mestre e o que eu tenho ensinado a outros. É interessante que quando pensamos em ensinar nos vem o cenário de um professor ou professora de pé e os alunos sentados em carteiras ouvindo informações que em grande parte não sabemos se são úteis. Mas quando eu observo o maior Mestre de todos os tempos JESUS, eu vejo alguém simples, com palavras relevantes e uma vida coerente com o Seu ensino. Neste sentido uma das vezes que Ele se coloca nesta condição me salta aos olhos quando diz: APRENDEI DE MIM. Aqui Ele de coloca como professor que chama atenção para seus alunos sobre uma lição e que desafia aos Seus alunos a aprenderem atentamente. Então a primeira pergunta está respondida: JESUS É O NOSSO MAIOR MESTRE. Mas Ele nos estimula a que façamos o mesmo para outros. Transmitir os Seus conhecimentos e a Sua vida é uma missão mas também é um privilégio. A minha oração neste dia é que eu compreenda de todo o meu coração que estou ainda vivendo como um aprendiz de JESUS... que não sou uma obra acabada.. que estou em construção e que isso me leve a ser humilde, carente de aprender dia a dia com JESUS e praticar cada ensino ouvido e aprendido para ser identificado como aluno de JESUS. Mas ao mesmo tempo que eu tenha clareza em cumprir a minha missão de repartir com os outros as lições que tenho aprendido com Ele. Convido você a que faça o mesmo: sermos bons alunos de JESUS e também sermos bons professores em nome de JESUS. Que Ele nos convença disso e que nós humildemente obedeçamos a Sua ordem.

PAI E FILHO

Texto 6: 9-15

Bom dia queridos tudo bem? Que o Bom Deus abençoe em tudo. Estamos iniciando mais um dia e teremos uma agenda pré estabelecida e também surgirão novos itens e outros que serão substituídos ou cancelados. Mas que parâmetros devemos ter para tratar de cada um destes compromissos? Certamente queremos cumpri -los da melhor maneira e com excelência e como seguidores de JESUS queremos que Ele se alegre e nos abençoe. Pensando nisso comecei a refletir sobre Deus, Seus propósitos, Sua vontade e o anseio de que o que fizermos esteja em plena sintonia com Ele. Grande tarefa não é mesmo? Todos sabemos que Deus tem e quer o melhor para nós. JESUS mesmo O chama de PAI e nos desafia a que façamos o mesmo chamando de PAI NOSSO. Mas não só chamá-lo mas nos relacionarmos com Ele assim: PAI E FILHO... FILHO E PAI. E este relacionamento deve ser tão profundo que saibamos que podemos pedir e termos a certeza que Ele oferecerá o melhor e o suficiente para nós. É claro que não devemos ser infantis e acharmos que Ele fará todos os nossos desejos e caprichos... Mas sim nos oferecerá a Sua Boa, agradável e perfeita vontade. A minha oração neste dia é que eu me relacione com Deus com mais profundidade do que ontem, que seja um vínculo de um filho que depende do Pai, que pede orientação pois Ele é o Papai sabe tudo e que eu creia que ELE É PODEROSO PARA FAZER INFINITAMENTE MAIS. Que eu tenha a certeza que Ele sabe o que é melhor e que isto me basta. Que eu viva hoje como o melhor dia da minha vida pois o MEU PAI está comigo . Convido você a que busquemos este relacionamento íntimo e paternal sabendo que quem cuida de nós é o Nosso Papai e que sejamos filhos obedientes e não fiquemos gastando tempo com os nossos mimimi... Mas que ouçamos e façamos o que Ele deseja.

PAI É PAI

Texto salmos 103: 13

Bom dia queridos.... Que JESUS os abençoe grandemente neste dia. Ainda refletindo sobre o tema de ontem do relacionamento filial com Deus retomo buscando aprofundar e ao mesmo tempo mexer com nossas entranhas para que desfrutemos ainda mais deste relacionamento proposto pelo Nosso Pai para com Seus filhos. E neste sentido vem a seguinte afirmação bíblica: Como um pai se compadece de seus filhos, assim o Senhor se compadece de nós. Há alguns aspectos muito sérios a destacar: 1. O sentimento de pai: todos nós sabemos o que os nossos pais se deram por nós; estavam atentos e não mediam esforços para nos suprir em cada necessidade. Eles nos conheciam, sabiam quem éramos e buscavam de todas as maneiras nos cobrir com seus cuidados. Mas tudo isso tinha limites, como nós que somos pais agimos assim com nossos filhos, não conseguimos tudo; 2. O pai que conhece e age: a expressão compadecer é muito profunda; denota uma empatia, alguém que sabe direitinho as nossas fraquezas, nossas dores, nossas inquietações e não nos despreza e nem se torna omisso ou indiferente. Ao contrário nos oferece na medida certa tudo o que verdadeiramente precisamos. Mas os pais humanos tem seus limites; 3. O Pai incomparável: quando lemos este versículo parece-nos que é feita uma comparação de igual com igual. Na verdade o autor quer dizer: se um pai humano tem todo este cuidado com seus filhos imagine o Pai Divino. Aquele que nos conhece por dentro e por fora; que sabe do que verdadeiramente carecemos e é PODEROSO para nos aplicar aquilo que precisamos? Pois bem, a minha oração neste dia é que eu avance um pouco mais nesta caminhada com o Pai do Céu; que eu aceite pegar nas Suas mãos fortes e poderosas que estão estendidas para mim e que tenha a convicção de que Ele não me deixará e nem me abandonará em qualquer que seja a circunstância. Ele É o PAI PRESENTE e me dá o privilégio de chamá lo de MEU PAI. E convido a você que assim façamos com o PAI NOSSO QUE ESTÁ NOS CÉUS E QUE ESTÁ CONOSCO AQUI TAMBÉM.

PAI, PAI

Texto: Salmos 103: 13-14

Bom dia queridos tudo bem com vocês? Estamos na 5a feira e certamente abençoados por Deus e temos a convicção que Ele continuará nos abençoando. Ainda refletindo um pouco sobre o relacionamento filial de Deus conosco com o objetivo de desfrutamos deste privilégio e aprofundarmos o nosso relacionamento com ELE, trago mais uma afirmação Bíblica: porque se meu pai e minha mãe me desampararem, o SENHOR me acolherá. Parece uma coisa improvável e até impossível um pai e uma mãe abandonarem filhos. Só que não; afirmo isso tanto literalmente, pois com tristeza sabemos de bebês e até crianças maiores que são descartadas, os abrigos infantis que o digam. Mas existem pais que descartam seus filhos mesmo convivendo com eles; um relacionamento truncado e cheio de falta de comunicação e o resultado é que estes filhos apesar de terem pais vivos, não tem vínculos. São apenas peças de mobília, pois não existe nenhum vínculo; não se falam, não se tratam com amor. Certamente este é o caso mais comum que vivemos em nossos dias. E querendo ou não isso é transferido para o relacionamento com Deus principalmente quando O tratamos de Nosso Pai. Mas a afirmação bíblica para nós hoje é esta: ELE SEMPRE NOS ACOLHE. Podem acontecer uma série de fatos tristes em nossa existência, mas O NOSSO PAI DO CÉU SEMPRE ESTÁ CONOSCO, NOS ACOLHENDO E MANIFESTANDO O SEU CUIDADO PESSOAL E PATERNAL. Há situações que enfrentamos no nosso dia a dia que são tão terríveis que por vezes perguntamos: onde está Deus (MEU PAI). Mas Ele está, mesmo que não O vejamos. Por que Ele não age? ELE ESTÁ AGINDO. Por isso neste dia início com esta certeza de que tudo pode não acontecer ou até mesmo acontecer uma série de fatos que me deixem vulneráveis, mas que eu tenha certeza de que Ele está comigo, confortando, consolando, disciplinando, instruindo, enfim ELE NAO DESCOLA DE MIM. Oro também para que você comigo trafeguemos nesta jornada sabendo que tudo pode virar de ponta cabeça, MAS DEUS CONTINUA SENDO O PAI NOSSO QUE DOMINA O CÉU E A TERRA E ESTÁ CONOSCO E NAO ABRE MÃO DISSO.

EXERCENDO A FÉ

Texto Jo 42: 1-2

Bom dia queridos... tudo bem com vcs? Que Deus os abençoe em tudo neste dia. Certamente temos em nossa vida muitos fatos inexplicáveis, assuntos não resolvidos, experiências conturbadas e respostas ainda para chegar. Nós como seguidores de JESUS sabemos que todas as coisas (boas e ruins) são trabalhadas por Deus para o nosso bem. Mas a ânsia por uma resposta e uma compreensão por vezes nos inquieta e faz com que percamos o foco e aí vivemos ansiosos e agitados para lá e para cá. Um homem de Deus experimentou uma reviravolta em sua vida da noite para o dia literalmente. Na verdade a sua vida passou por uma transformação em dois dias que o fez ir da prosperidade ao caos; da vida ordenada para a desordem; da vida estabilizada para a crise. Refiro-me a Jo. Personagem ilustre muitas vezes mencionado como exemplo pela paciência, mas não só; entendo que ele é marcado como alguém que viveu os opostos da vida e sem entender e não ter cometido nenhuma falha (a visão de um Deus punidor é muito mais antiga do que imaginamos),enfrentou a vida como ela é, marcada por histórias alegres e tristes, vitórias e derrotas, vida e morte, mas são histórias e manteve o desejo de preservar a vida apesar das dores e é claro que em alguns momentos questionar se valia a pena continuar a viver. Mas decidiu por viver e entendeu que a dor é menor do que o valor da vida. Nesta saga de tanta perplexidade, ele usa uma prerrogativa muito importante dada pelo Próprio Deus que é de fazer perguntas. Deus nos fez com inteligência para que possamos tentar entender e questionar. E foram aproximadamente 34 perguntas para Deus: Por que Senhor?. Depois deste longo questionamento onde Deus permaneceu em silêncio completo, e não sei o que é melhor se é o diálogo ou o tempo onde Deus permite que a gente esvazie o nosso coração, Deus assume o comando e faz aproximadamente 72 perguntas para Jo e cada uma delas muito profunda e que expressavam a Sua grandeza e a limitação humana de Jo. Se eu parasse aqui já teríamos tantas lições. Mas o que eu gostaria de partilhar é a primeira conclusão que esse nosso irmão teve depois de Deus falar e não responder às suas inquietações. Ele disse a Deus: Bem sei que tudo podes e nenhum dos Teus planos pode ser frustrado. Jo entendeu que Deus era imensamente maior que tudo, que todos e inclusive dos seus problemas. Ele é detentor de todo o Poder... não há nada e nem ninguém maior do que Ele. Mas entendeu também que Ele olha para nós individualmente e faz cumprir todos os Seus propósitos estabelecidos na Eternidade, no tempo e da forma que Ele quer. Não existe plano B C D E em Deus à nosso respeito: só há o PROPÓSITO e NAO HÁ absolutamente nada e nem ninguém que possa impedir a sua concretização. A minha oração neste dia é que eu levante a minha cabeça, experimente o aquecimento do meu coração pela fé em Deus e viva este e tantos outros dias que Ele me der certo de quem eu confio. Que eu busque cada dia conhecer mais este Único Deus e Seu poder e que veja com muita clareza Ele realizando os Seus propósitos mesmo que ainda não estejam acontecendo. Interessante observar que quando Jo faz esta declaração nada tinha mudado. Que Deus me dê essa mesma experiência de crer sem ver acontecer concretamente, mas pela fé e com os olhos da fé eu saiba que Ele está agindo de maneira decisiva na minha história. Convido você a continuarmos a seguir firmes e fortes esta saga de fé olhando firmemente para o Autor e Consumador da nossa fé.

NOSSA MENTE: PAZ OU GUERRA?

Texto Jeremias 29:11

Queridos, Boa tarde... hoje estou escrevendo um pouco mais tarde... na verdade nem ia... mas algo de Deus começou a movimentar o meu interior... comecei a travar sentimentos opostos... coisas muito boas e coisas ruins. E tenho aprendido com Deus a enfrentar esses sentimentos nem com muita euforia e nem permitindo que me sabotem. Neste momento me lembrei do que a Palavra de Deus nos recomenda sobre os nossos pensamentos. Um destes textos nos ensina: EU É QUE SEI QUE PENSAMENTOS TENHO A VOSSO RESPEITO DIZ IAVE... PENSAMENTOS DE PAZ E NÃO DE MAL PARA VOS DAR O FIM QUE DESEJAIS. Temos a tendência de gastar tempo em demasia com o que pensamos sobre nós que ora é alto demais ou baixo em extremo. Também gastamos demais as nossas melhores energias com o que as pessoas pensam sobre nós.. e aí vem uma crise imensa pois tendemos a querer agradar todo mundo. E o resultado é frustração. O que verdadeiramente devemos investir é no que Deus pensa de nós... Ele não é partidário, não é interesseiro, não é cruel e nem tendencioso como nós somos sobre nós e outros... e os outros são conosco. E por isso eu substitui para com Deus o termo gastar por investir, pois Ele tem pensamentos de paz para conosco. E estes pensamentos foram expressos de maneira muito prática na Pessoa de JESUS que nos trouxe a paz para com Deus. Sendo bem prático Deus tem pensamentos de paz para conosco por causa de JESUS. ELE É A NOSSA PAZ. Por isso neste dia nego qualquer tipo de pensamento sobre mim mesmo e sobre pessoas que não sejam PENSAMENTOS DE PAZ QUE VEM DE DEUS. Quero experimentar de maneira intensa e profunda esta iniciativa constante e definitiva de Deus para comigo através de JESUS. ELE TEM PENSAMENTOS DE PAZ PARA COMIGO E QUER QUE EU VIVA E INVISTA NESTA PAZ e não permita que minha mente seja intoxicada por pensamentos e sentimentos que não vem DELE. Convido você a que neste dia oxigene seus pensamentos e sentimentos à partir da vida de Deus em você, pois ELE TEM PENSAMENTOS DE PAZ E NÃO DE MAL PARA NOS DAR O QUE DESEJAMOS. Vamos nessa?

UMA SAGA APARENTEMENTE SOLITÁRIA

Texto Lucas 24: 13-35

Bom dia queridos, tudo bem com vocês? Um dia muito abençoado a todos. Estava fazendo a minha leitura bíblica e hoje o texto era dos dois homens, discípulos de Jesus no caminho de Emaus. Um texto muito conhecido e que certamente você deve ter ouvido dezenas de mensagens tratando de vários aspectos diferentes. O que me fez hoje parar e refletir é o abatimento e a tristeza que envolveu a vida daqueles homens pelo fato de que a sua esperança tinha se frustrado: JESUS MORREU... Todas as verdades que ouviram repetidamente sobre Jesus agora não passava de histórias e naquele momento o que tinham era desilusão. O seu abatimento era tamanho que não perceberam que Aquele caminhante que se ajunta com eles era JESUS. Conversam, perguntas são feitas, trocas de informações, mas a tristeza e a frustração por não ter notícias boas cegaram seus olhos e colocaram seus corações nas profundezas do caos. Tudo era cinza... Não havia mais nada de cor. Quantas vezes não experimentamos essa mesma realidade em nossas vidas? Aguardamos uma resposta e ela não vem, uma notícia bomba nos assalta, um resultado inesperado, o impacto da morte de uma pessoa e o resultado disso é o abatimento profundo por nos sentirmos solitários... Deus nos deixou... esqueceu de nós... Não fazemos parte no momento de Seu cuidado. Mas há um momento maravilhoso onde tudo faz sentido porque O reconhecemos e a nossa jornada nunca maus será a mesma, pois deixamos de olhar para o nosso umbigo e nos tornamos hiper-sensiveis a Sua Presença. A minha oração neste dia é para que mesmo que eu não veja a ação de Deus, mesmo que não tenha respostas às minhas inquietações e como diz o escritor: que tudo esteja dando errado, que meu coração seja aquecido e avivado pela certeza de que Ele está comigo e que ecoe como verdades eternas as Suas Palavras: Estou com você até o fim; não te deixarei e não te abandonarei. Que hoje eu descanse nesta convicção e que nenhum sentimento diferente disso assalte a minha fé. Convido você a que comigo percorra o caminho de Emaus tendo a certeza Daquele que comigo caminha e que a jornada de hoje seja de muita alegria e renovadora pela presença maravilhosa de Deus conosco.

....

Bom dia queridos... desejo que o Bom Deus continue abençoando a sua vida. Estamos iniciando mais uma semana e certamente teremos muitos desafios pela frente. E nesta hora o que nos cabe como seguidores de JESUS é ter o foco bem definido para que não percamos tempo, nem deixemos de fazer o que nos é requerido e acima de tudo não permitamos ser assaltados pelo medo e ansiedade. Pensando efetivamente nisso trago para a minha mente e meu coração um texto bíblico onde posso encontrar o foco, a motivação e o resultado para um dia, semana, mês, ano e uma vida segura apesar dos ventos contrários, mas bem sucedida por saber quem tem o controle dela. ENTREGA O TEU CAMINHO AO SENHOR, CONFIA NELE E O MAIS ELE FARÁ. O escritor não apresenta este texto como uma fórmula mágica e nem passos de autoajuda: esta era a sua experiência e que sem dúvida foi aprendida em meio a acertos e erros, tensões e momentos fáceis. Mas Ele encontrava o seu real e único foco que era expor e depositar a sua vida a Deus pois Ele tem todo o Poder e Conhecimento, a sua verdadeira motivação, pois Ele é digno de sua confiança pelas inúmeras provas de Seu cuidado e a realização pois o que Deus faz é sempre bom agradável e perfeito. Ao iniciar esta semana, onde aguardo respostas, forças para os desafios, que eu declare a minha total ignorância e portanto dependência plena de Deus, que eu deposite toda a minha confiança NELE por saber que Ele nunca falha e nem tarda e que eu veja que Ele FAZ! Convido você a que enfrentemos essa jornada com coragem por sabermos em quem tem crido.

PRA FRENTE OU PARADOS?

TEXTO Salmos 116

Bom dia queridos... Que o Bom Deus continue abençoando a sua vida. Você dormiu bem? Descansou? Está pronto para mais um dia? Você sabe bem que decisões tomar? Vai tudo bem com você? Essas perguntas que ouso fazer não é para você responder para mim e sim para você mesmo. E a razão é que vivemos com tantas coisas em nossa mente , decisões a serem tomadas, respostas sendo aguardadas e sentimentos os mais variados que nos fazem ficar muito pilhados e roubam as melhores energias que temos a ponto de perdermos o nosso sono ou não termos aquela qualidade de descanso. Esse certamente é um dos maiores desafios dos nossos tempos. Mas como sempre há um antídoto da parte de Deus para os Seus seguidores e um deles foi experimentado e registrado como receita para a nossa vida: Volta oh minha alma ao teu repouso pois o Senhor tem feito muito bem Sl. 116. O autor descreve a sua gratidão a Deus e Seu amor pois enfrentou uma série de situações que foram quase ao esgotamento total. Mas ele entendeu que só tinha uma saída a fazer e uma segurança: orar a Deus para que Ele leve a sua alma, seus sentimentos, suas emoções para o único lugar que deve estar - aos braços fortes e acolhedores de Deus. O sossego, o repouso para tudo em nossa vida está quando reconhecemos a nossa incompetência em gerir a nossa vida em todas as esferas e aceitarmos o Seu convite para depositarmos aos Seus pés e mãos. E a razão é que Ele tem feito e continuará a fazer todo o bem em nós e para nós. A minha oração neste dia é de rendição, de simplesmente reconhecer a minha incapacidade de gerenciar tudo na minha vida e que Deus me dê a graça de confiar Nele a tal ponto de colocar cada um dos envelopes, pacotes e gigantes cargas diante Dele e relembrar que Ele tem feito muito bem, tem dado provas incontáveis do Seu poder e por isso é digno de minha confiança. E que esta decisão seja total, não me levando a duvidar e nem querer olhar para trás. Convido você a neste dia dar este passo de fé na jornada que Deus nos oferece para nós e conosco.

DESANIMADO NÃO, NÃO E NÃO

Texto Salmos 18

Bom dia queridos tudo bem com vcs? Rogo que Deus os abençoe em tudo neste dia. Um dos grandes conflitos que enfrentamos em nosso dia a dia chama-se desânimo. A própria palavra já define bem o que: desprovido de ânimo. Ânimo é aquela força interior que nos alavanca, que nos faz sonhar, trabalhar com foco, olhar para a vida com possibilidades, viver cada instante apaixonadamente. Mas nem sempre isso acontece; há dias que já acordamos desanimados, sem vontade de acordar e levantar, ou então durante o dia baixa um desânimo imenso que gostaríamos de nos encostar num barranco e lá ficarmos quietinhos. Nestes momentos as nossas energias escoam por algum ralo de nosso corpo que nos deixam sem força, sem vigor. As causas podem ser variadas, pode ser nossa saúde que não está sendo respeitada por nós - estresse, sobrecarga de trabalho; nossas emoções que estão nos altos e baixos; nossas expectativas que não estão sendo correspondidas o que na verdade é um mal nosso mesmo apesar de ser humano; pessoas que nos desapontam; enfim, teria uma série de fatores a listar que podem nos levar ao desânimo. A pergunta é: como reverter essa situação que pode ter sua origem interna e/ou externa? Tenho descoberto que a solução do desânimo vem de Deus. Quando folheio a Bíblia descubro três coisas: 1. Todo ser humano enfrenta de maneira inevitável esse sentimento terrível que você sabe muito bem como é. Vejo personagens simples até o rei Davi e Salomão; 2. É que o desânimo nos sabota de tal maneira que nos imobiliza... a ponto de termos dó de nós mesmos e nos acharmos os mais injustiçados do mundo... por que só eu?; 3. Uma decisão tem que ser tomada: ou ficamos prostrados e quietinhos no nosso mundinho ou agimos de maneira eficiente. Você pode notar que eu escrevi agir e não reagir. Agir é tomar atitudes conscientes e consistentes; reagir é mera impulsividade e que não tem muita durabilidade. Ainda nas Escrituras eu vejo que a única ação que homens e mulheres usaram de forma eficaz para encontrar o ânimo é na Pessoa de DEUS. Poderia mencionar muitos textos mas quero deixar apenas um: O SENHOR DEUS É A MINHA FORÇA E A MINHA SALVAÇÃO; DE QUEM TEREI MEDO? A minha oração neste dia é que eu busque em Deus o ânimo para enfrentar este dia. Deus não está me oferecendo este presente chamado hoje sem também me dar as condições e ferramentas (animo) para que eu possa viver como o melhor dia da minha existência. Que eu saiba que o antídoto do desânimo vem de Deus, de Sua Palavra que não falha e nem é incompleta. Neste momento o desânimo está aqui ainda, querendo me mostrar um cenário cinza; mas eu reflito em Deus, levanto a minha cabeça pro Alto, de onde vem o meu socorro e pergunto se é real este desânimo; se eu vou me deixar ser vencido por ele e busco em Deus a verdadeira fonte das águas vivas para ser encharcado pelo vigor e ânimo que só Ele pode me dar. Eu não sei como você está e nem como vão as coisas na sua vida; mas te convido a que juntos nos unamos pedindo a Deus a força e o ânimo para enfrentar com coragem este dia e qualquer que seja a adversidade que está diante de nós. Que assim seja.

O GRITO DA ALMA

Texto: 8:26

Bom dia queridos.... que este dia chuvoso traga também muitas chuvas de bênçãos sobre a sua vida. Estava orando a Deus apresentando a minha vida, minha família, pessoas que intercedo diariamente e colocando diante DELE os pedidos, as necessidades, as lutas, os sonhos, aquilo que o meu coração consegue enxergar. Mas há tantas coisas mais profundas, anseios inomináveis e desconhecidos e que só Deus conhece. Neste sentido vem é claro se o que estou pedindo é da vontade DELE, é para a Glória Dele; enfim, se estou pedindo certo para mim e para estes queridos que intercedo. Que conflito isto não é mesmo, pois aos meus olhos pode ser o melhor mas não tenho a resposta plena por causa de um simples fato: eu não sei nada. Mas nesta hora faço como o profeta: quero trazer a memória o que me pode trazer esperança. Lembro e creio que DEUS É BOM EM TODO TEMPO E EM TODO TEMPO DEUS É BOM e a Sua misericórdia dura para sempre. Lembro me que não sei orar , mas que o Espírito Santo intercede por mim e por nós com gemidos inexprimiveis; reafirmo a minha convicção de que se Deus é por mim e por nós , quem será contra mim e nós ; louvo a Deus porque Ele trabalha todas as coisas (boas e ruins) para o bem daqueles que O amam e que absolutamente nada será capaz de nos separar do Seu amor para conosco. E uma das figuras mais lindas que expressam este relacionamento e esta Grandeza é que Ele tem cada um de nós na palma de Suas mãos e ainda nos diz: NAO TEMAS. A minha oração de hoje é para que eu viva mais das certezas de Deus do que das minhas dúvidas e incertezas; que eu creia mais Nele, Sua bondade e Graça do que no cenário tão nebuloso e controverso; que eu seja como aquele homem que confessou a Jesus aumenta a minha fé no Senhor diante do caos que bateu na sua vida. Que eu viva hoje em maior sintonia com o coração de Deus sabendo que ELE TEM TODO O CONTROLE DE MINHA VIDA E OS MELHORES PLANOS. Que eu viva hoje e experimente o convite de me assentar a Sua mesa e desfrutar do Seu banquete ao invés de ficar de longe com as minhas neuras. Convido você também a hoje ouvir unicamente a Deus e não as pessoas, noticiários que trazem tanto pessimismos e as pessoas que não conseguem ser agentes que nos aproximam de Deus. Que vivamos neste dia encharcados não só da chuva que cai, mas muito mais, banhados pela Sua misericórdia que não tem fim e pela Sua Graça que é melhor que a vida.

AMIGO SEM IGUAL

Texto João 15

Bom dia queridos tudo bem com vcs? Hoje é 6a feira... semana sendo vencida com a Graça de Deus. Hoje eu gostaria de tratar de um assunto bem comum e ao mesmo tempo bem complexo: amizade. Comum pois todos nós desejamos ter amigos, ter relacionamentos; mas ao mesmo tempo são raros aqueles que verdadeiramente são amigos. Possivelmente não podemos encher uma mão a quantidade de amigos não é verdade? Sempre digo que é muito fácil estar rodeado de pessoas quando tudo vai bem, em festas, na prosperidade. Mas amigo é aquele que está conosco nos momentos mais difíceis, no caos, no luto, na situação adversa. Amigo é aquele que nos ampara, encoraja (exorta), nos corrige, tem a coragem de dizer a verdade para nós sem nos destruir. Que é leal sem querer se aproveitar de nossa fragilidade, é ser cúmplice sem ser omisso. Enfim amigo é raridade e com o disse o poeta : é coisa para se guardar debaixo de sete chaves dentro do coração. Possivelmente você tenha um grupo bem pequeno de amigos mesmo rodeado de tantas pessoas. Mas eu gostaria de conversar sobre Alguém muito especial que disse: não vos chamo mais de servos e sim de amigos; pois o servo não sabe o que faz. Vos sereis meus amigos se fizerdes o que vos mando - JESUS. É interessante destacar que JESUS está dizendo isso para os Seus discípulos. Ele chamou 12... Depois teve 72... Mas mantinha um contato bem íntimo com 3. E o que salta aos meus olhos é que o Próprio Senhor Jesus tinha poucos ao Seu lado e no momento mais doloroso não tinha nenhum. Que decepção não é mesmo? Mas Ele prometeu que estaria conosco sempre e para sempre até os confins do século. A amizade proposta por JESUS aos Seus seguidores tem algumas características: 1. É uma amizade leal: Ele sabe mais do que ninguém quem somos, como agimos; e mesmo assim Ele não desiste de nós e nem vira as costas; 2. É permanente: independentemente de nós Ele se coloca ao nosso lado, não nos abandona, nem se ausenta; 3. É presente: não há distância geográfica e nem linha ocupada ou agenda cheia. Ele está sempre ao nosso lado; 4. É desinteresseira: Ele sabe direitinho quem somos, e inclusive sabe que não temos nada para oferecer; 5. É profunda: Ele quer ter um relacionamento de intimidade, onde podemos e devemos dizer tudo o que somos e sentimos (sinceridade

- sem cera) , sermos autênticos e sem querer enrola-LO. Ter um nível de intimidade que nos dê prazer e alegria e que encontremos NELE toda a nossa realização e prazer; 6. Duradoura: Ele deseja ter conosco um vínculo de amizade que enfrente todas as circunstâncias, mesmo aquelas que não entendamos, mas que simplesmente confiemos Nele, que Ele está no barco quando a tempestade chega; que Ele é presente quando o luto chega; que Ele é o Provedor quando a crise se instala e que é Presente quando o vinho acaba. Você já encontrou um amigo assim, com todos estes dotes? Você é amigo com esta amplitude com alguém? A resposta é NAO. Mas temos em JESUS este amigo.... e tem mais um detalhe muito jóia: ELE QUER O NOSSO BEM. E para tanto nos convida a fazer o que Ele manda (propõe) pois é o melhor, Ele sabe o que está pedindo. Por isso neste dia a minha oração é de profundo reconhecimento que só tenho um amigo e que portanto sou privilegiado de ter Este amigo e aceitar o convite feito por Ele de ser Seu amigo. Que eu não tenha receio de confiar Nele; nem perca a oportunidade de me desnudar diante Dele e não perca a oportunidade de conhecer a Sua intimidade, pois a intimidade do Senhor é para os que O buscam aos quais Ele dará a se conhecer. O meu desejo é de mergulhar neste mar de intimidade com Deus, nadar de braçada em Sua confiança e sentir-me seguro de que ELE É A PESSOA MAIS INTERESSADA NA MINHA VIDA E QUE TUDO O QUE DIZ RESPEITO A MIM É DO INTERESSE DELE. Convido a você que encontre em primeiro lugar e se realize NELE a sua amizade. E que ter este relacionamento de amizade e intimidade satisfaça você completamente e que juntos descansemos em Seu cuidado sabedores de que os propósitos Dele são INFINITAMENTE maiores do que possamos ter e esperar. Que Deus seja o nosso maior e único amigo e que isso seja suficiente para nós.

CORAÇÃO BLINDADO

TEXTO Provérbios 4:23

Bom dia queridos... hoje é 2a feira e estamos iniciando mais uma semana. Como sempre teremos algumas coisas previstas e outras que não sabemos quantas, imprevistas. Como lidar com tudo isto e mais um pouco? Como lidar com as nossas emoções que são alvos de tantos impulsos quer positivos ou negativos? Um texto sagrado que tento exercitar a cada instante é: SOBRETUDO O QUE SE DEVE GUARDAR, GUARDA O TEU CORAÇÃO; PORQUE DELE PROCEDE A VIDA. Parece simples isso mas não é; não conseguimos blindar as nossas emoções e sentimentos de tal forma que fiquem intactos; não conseguimos fazer com que fiquem inertes e passivos- isso é utopia. No meu modo de ver guardar o nosso coração é criar mecanismos originados do Próprio Deus e eu gostaria de destacar alguns: preciso relembrar quem é Deus em minha vida; relembrar o que Deus pensa sobre mim; relembrar que fui criado à imagem e semelhança do DEUS todo Poderoso; relembrar os Seus propósitos para a minha vida; relembrar que Ele trabalha todas as coisas para o meu bem; relembrar que nada foge do Seu controle; relembrar que em Cristo Jesus eu sou o Seu filho amado em quem Ele encontra todo o prazer; relembrar que Ele trabalha todas as coisas para o bem; relembrar que em Cristo Jesus somos mais que vencedores; relembrar que Jesus vive para interceder; relembrar que o Espírito Santo intercede por mim com gemidos inexprimiveis; relembrar que fui criado para a Glória Dele. Você deve ter observado e quem sabe se inquietado com as inúmeras repetições: RELEMBRAR. Afirmo a você que não é falta de vocabulário e sim a forma de guardar o nosso coração que por vezes vive uma montanha russa , ora em alta e na maioria das vezes mais em baixa. Mas a ordem de Deus é GUARDE O SEU CORAÇÃO. E a melhor forma é ocupe os seus pensamentos naquilo que Deus deixou como verdades eternas tais como tudo o que é verdadeiro, agradável, puro, justo, amável, de boa fama Filipenses 4:8. Ao iniciar esta semana mais do que nunca preciso desesperadamente de guardar o meu coração da ansiedade, das incertezas, dos medos, dos sentimentos mais sub-humanos, daqueles sentimentos internos que não são reais e saudáveis. Preciso zelar e ter filtros que protejam o meu coração para que eu possa viver o melhor dia da minha vida. A minha oração portanto é para que eu esteja atento e devidamente imunizado pela Palavra de Deus para guardar bem o meu coração e convido você a que também entre tantas atividades priorize em guardar o seu coração e que tenhamos um dia exponencial.

PROVA DE AMOR

Texto Romanos 5:8

Bom dia queridos tudo bem com vocês ? Que hoje seja mais um dia especial de Deus para nós. Estava refletindo sobre o privilégio de poder ter a certeza absoluta de que Deus está perto de nós. Que presente maravilhoso saber que amamos, servimos e adoramos um Deus de perto, acessível a qualquer momento e circunstância. Lendo os Evangelhos me projeto aos personagens que viam e conviviam com JESUS ouvindo Sua mensagem, vendo Seus milagres, desfrutando de Suas ações tão repletas de Graça e Amor. O SEU CUIDADO com os enfermos, com os pais que traziam seus filhos, os cegos que eram curados, a viúva que tinha um único filho que morrera. Mas também o Seu cuidado com a mulher samaritana, a maneira como Ele se preocupava em como as multidões que O seguiam iriam ser alimentadas. Era muita expressão de amor, cuidado e atenção graciosa. Mas sabemos que muitos O procuravam somente para soluções temporais; mas muitos tinham grande prazer e alegria de conviver com Ele. Hoje não é diferente; temos acesso a Deus por meio de Jesus; temos a doce Presença do Espírito Santo que habita na vida de todo seguidor de Jesus. Temos a direção segura para todos os desafios; temos a certeza do perdão de pecados através de JESUS; temos Nele a convicção de que quando precisarmos de socorro em qualquer que seja a circunstância Ele está com os Seus ouvidos escancarados para nos atender, Suas mãos fortes para intervir e nos acolher. Enfim, temos um Deus Presente conosco a cada instante, sem folga, pois Ele é a nossa sombra à nossa direita e Ele não dorme. A minha oração ao iniciar este dia é de louvor, exaltação e gratidão por ter comigo a melhor e mais poderosa companhia. Que eu desfrute intensamente destes momentos com profundidade e com temor; que cada situação que enfrentar me lembre sempre que Ele está comigo e que não devo temer. Mas ao mesmo tempo que esta certeza me leve a viver uma vida digna de Alguém que habita em mim e que minhas ações sejam parecidas com Ele. Convido você a que busquemos e vivamos esta experiência fantástica de caminharmos hoje com o Nosso Deus de uma maneira íntima. Vamos nessa?

NA ORAÇÃO ENCONTRO DEUS

Texto 1 Tessalonicenses 5: 17

Bom dia queridos tudo bem com vocês? Desejo toda sorte de bênção. Estava hoje cedo em meio a uma noite de sonhos agitados refletindo sobre a oração. Como é eficaz esta arma que Deus nos deixou para utilizarmos em todo tempo. Oração é uma forma de nos esvaziarmos completamente de nós mesmos, de nos desnudarmos de tudo o que somos e temos diante Daquele que nos conhece e sabe tudo de nós. Não somos desconhecidos Dele; não precisamos esconder nada Dele. O maior exemplo de uma pessoa que orava muito na Bíblia é o Próprio Senhor Jesus. Estudiosos afirmam que 3/4 de Seu ministério foi em oração. Ele tinha prazer e necessidade de investir tempo em momentos com o Pai. Observamos que antes de iniciar o Seu ministério Ele passou 40 dias no deserto em jejum e oração; na escolha de Seus discípulos Ele passou a noite em oração. Constantemente lemos que Jesus se retirava para orar; Ele convidava Seus discípulos a passarem um tempo com Ele em oração; Ele ensinou o Seus discípulos a orarem. No momento derradeiro antes de ser entregue para ser crucificado, Ele orou. O que me chama a atenção é que se Jesus sendo Deus investia tempo em oração, que situação a minha um mortal que pouco oro. As vezes gastamos tanto tempo com preocupações, discussões, busca de soluções, conversas fúteis e tão pouco em oração. Ficamos tristes, ansiosos, decepcionados, alegres, e pouco falamos com Deus sobre estes assuntos. A minha oração neste dia é que eu possa aumentar o meu tempo hoje em comunhão com Ele; quer quietinho em um canto, quer andando, quer dirigindo, enfim, fazendo o que o apóstolo Paulo nos encoraja: ore em todo tempo. Que eu me preocupe menos e ore mais; que eu invista mais tempo em oração do que com sentimentos tóxicos tipo... ainda nada, o que eu vou fazer, acho que está demorando, o que vão fazer, porque não acontece; que eu substitua isso por momentos preciosos em conversa íntima com Deus. E convido você a que hoje entremos na escola de oração; que nos assentemos nas carteiras da sala de aula e aprendamos com JESUS a orar. Vamos juntos?

Printed by Books on Demand GmbH, Norderstedt / Germany